Kauderwelsch

Band 57

D1924929

Der
Reise Know-How Verlag Peter Rump GmbH
ist Mitglied der Verlagsgruppe

REISE KNOW-HOW

Kauderwelsch

Spanisch Slang

das andere Spanisch

Hans-Jürgen Fründt

Kauderwelsch Band 57
Spanisch Slang - das andere Spanisch
von Hans-Jürgen Fründt

Reise Know-How Verlag Peter Rump GmbH
Osnabrücker Str. 79
D-33649 Bielefeld

5. Auflage 1999
ISBN 3-89416-247-3

Bearbeitung: Michael Blümke

Gestaltung: Peter Rump

Zeichnungen: Stefan Theurer

Druck & Bindung: Fuldaer Verlagsagentur

Dieses Buch ist in jeder Buchhandlung der BRD, Österreichs, der Niederlande und der Schweiz erhältlich. Bitte informieren Sie Ihren Buchhändler über folgende Bezugsadressen:
BRD: Prolit GmbH, Postfach 9, D-35461 Fernwald (Annerod) sowie die Barsortimente
Schweiz: AVA-buch 2000, Postfach 27, CH-8910 Affoltern
Österreich: Mohr Morawa GmbH, Sulzengasse 2, A-1060 Wien
Niederlande: Assimil Benelux, 5-7 Rue des Pierres, B-1000 Bruxelles

Wer im Buchhandel kein Glück hat, bekommt unsere Bücher auch direkt bei:
Rump-Direktversand, Heidekampstr. 18, D-49809 Lingen (Ems)

Der Verlag will die Kauderwelsch-Reihe ausbauen und **sucht Autoren** für
Balinesisch, Korsisch, Malayalam, Shan-Burmesisch, Urdu

Inhalt

Zum Geleit

Liebe Leser, bei der Lektüre dieses Buches bitte ich Sie, folgendes zu bedenken: Es ist selbstverständlich, daß die Ausdrücke in diesem Buch nichts mit meiner Einstellung zu tun haben. Das gilt besonders für Schimpfwörter und beleidigende Ausdrücke. Es liegt ausdrücklich nicht in meiner Absicht, daß die aufgeführten diskriminierenden Ausdrücke verwendet oder verbreitet werden. Ich habe sie aufgelistet, weil es sein kann, daß man ihnen begegnet (in Filmen, Büchern oder auf der Straße), und verstehen sollte man, was man hört. Diese Sammlung ist nicht vollständig.

Estimados lectores, al leer este libro ruego tener lo siguiente en cuenta: Se sobreentiende que las expresiones utilizadas en este libro no corresponden a mi opinión. Esto se refiere en especial a palabras injuriosas u otras expresiones insultantes. No es mi intención ni pretendo que se utilicen y se divulguen expresiones menospreciativas. La posibilidad de verse enfrentado por medio de películas, libros o simplemente en la calle a dichas expresiones me lleva a incluirlas ya que es necesario entender lo que se escucha. Esta selección no está completa.

Vorwort

Vor ein paar Jahren kam ich nach Madrid, um für ein Jahr an der dortigen Universität zu studieren. Ich hatte bereits einige Jahre an verschiedenen Schulen und an der Uni Hamburg Spanisch gelernt, war also nicht ganz unvorbereitet. An einem der ersten Abende landete ich auf einer Geburtstagsparty. Der anfängliche sprachliche Elan verstummte allerdings recht schnell, denn ich bekam nicht allzuviel mit.

Als ich dies dem Gastgeber erzählte, meinte der: "Nicht aufregen! Du sprichst schon ganz ordentlich, aber irgendwie künstlich, so, als ob Du eine Figur aus einem Lehrbuch wärst." Damit traf er den Nagel voll auf den Kopf! Bislang hatte ich ja nur Vokabeln und Grammatik gepaukt, aber nicht die Umgangssprache *español coloquial* oder den Straßenslang *argot* kennen gelernt.

Glücklicherweise gibt es seit Jahren an der Uni Madrid einen Kurs *español coloquial.* Das ist immerhin ein erster Versuch, die ausländischen Studenten auf die tatsächlich gesprochene Sprache einzustimmen. Denn wer schon etwas Spanisch spricht, wird zwar problemlos in jeder Bar Kontakte knüpfen können, aber überall wird man auf umgangssprachliche Äußerungen treffen, die im alltäglichen Sprachgebrauch fest verankert sind. Da die Spanier sehr lebhaft kommunizieren und oftmals mit "Händen und Füßen" reden, ist es außerdem unerläßlich, die Gestik der Körpersprache zu kennen. In dieser Sammlung habe ich die wichtigsten und alltäglichsten (nicht immer feinen!) Ausdrücke zusammengetragen, damit das erste oder zweite Gespräch in Spanien nicht zu einem akademischen Diskurs, sondern zu einer lockeren Unterhaltung werden kann. Ein gehöriges Maß an Einfühlungsvermögen setze ich dabei natürlich voraus.

Die hier vorgestellten Ausdrücke beziehen sich in erster Linie auf die in Spanien gesprochene Alltagssprache. Lateinamerikanische Slang-Ausdrücke sind nicht besonders berücksichtigt, eine Übereinstimmung wäre reiner Zufall.

Gebrauchsanweisung

Diese Wort- und Phrasensammlung könnte man in zwei Teile gliedern: Es geht los mit typisch spanischen Ausdrücken, die euch in bestimmten Situationen begegnen werden, z.B. an der Uni, in der Bar, im Straßenverkehr etc. Das sind nicht immer Slang-Ausdrücke. Im zweiten Teil geht es dann um die echte Umgangssprache. Wiederum grob nach Situationen sortiert, aber Überschneidungen ließen sich nicht vermeiden. Zu diesem zweiten Teil möchte ich einiges anmerken.

Wissenschaftlich gesehen ist Slang eine "Low-Level-Sprache", die ausschließlich von unteren sozialen Schichten gesprochen wird, da ihnen die "Hochsprache" nicht geläufig ist. Ich verstehe Slang anders und zwar als die Sprache, die von den Leuten im alltäglichen Leben gesprochen wird, wenn man nicht auf Etikette achten muß. Da wimmelt es von "Spezialausdrücken" und "unfeinen" Wörtern. Gerade bei letzteren ist es nötig, recht genau zu differenzieren. Auch bei uns kann ja z.B. das Wort "Scheißkerl" (je nach Situation und angesprochener Person) mal durchaus freundlich, mal höchst beleidigend sein. Auch werden sich zwei Männer an der Theke anderer Ausdrücke für Frauen bedienen, als dann, wenn eine Vertreterin des anderen Geschlechts zuhört.

Solange man in einer Gruppe diese Sprache versteht, hat sie auch ihre Berechtigung. Wenn man erst einmal die Grundregeln verstanden und sich in die Sprache eingehört hat, fällt es auch nicht mehr so schwer, sein Gegenüber zu verstehen.

Ich habe stets versucht, die deutsche Übersetzung der Ausdrücke auf dem gleichen Sprachlevel zu halten. Trotzdem ist bei der Anwendung manchmal Vorsicht geboten. Völlig vulgäre Ausdrücke sind durch ein * gekennzeichnet. Abwertende Ausdrücke und Beleidigungen sind eh nicht zum Gebrauch, sondern lediglich zum Verstehen aufgeführt (siehe hierzu auch Seite 6). In diesem Zusammenhang auch ein Zitat aus "Das Wörterbuch" von den Gebrüdern Grimm: "Ein Wörterbuch ist nicht dazu da, die Wörter zu verbergen, sondern um sie hervorzubringen."

Im Anhang dieses Buches sind alle Ausdrücke, die vorkommen, noch einmal stichwortartig und alphabetisch geordnet aufgelistet. Die Seitenzahl dahinter gibt an, wo das Wort erwähnt wird und demnach auch die Übersetzung bzw. Anwendung steht. Hört man z.B. den Ausdruck *"un tubo de película"*, findet man unter *"tubo"* und *"película"* die entsprechende Seite.

Liebe Leser!
Ich habe mir zwar alle Mühe gegeben, doch daß dieses Buch vollständig ist, das will ich nicht behaupten. Aber es ist aktuell. Nur solche Ausdrücke habe ich aufgenommen, die heute gebräuchlich sind. Und dadurch unterscheidet sich dieses Bändchen sicherlich wohltuend von dicken, wissenschaftlichen Slang-Wörterbüchern.

Aber ich möchte dieses Buch erweitern und vor allen Dingen soll es aktuell bleiben. Dafür brauche ich eure Hilfe! Täglich entstehen neue Ausdrücke, andere werden altmodisch. Teilt mir bitte weitere Redewendungen mit, die ihr auf eurer Reise hört. Schreibt mir auch wo (in welcher Region Spaniens) ihr sie gehört habt. Für verwertete Ergänzungen zeigt sich der Verlag mit einem Freiexemplar der nächsten Auflage erkenntlich. Ihr erreicht mich über die Verlagsadresse.

P.S. Auch lateinamerikanische Ausdrücke interessieren mich (hier ist es allerdings noch wichtiger, daß ihr zusätzlich Land bzw. Region nennt).

Po mu fásil

Allgemeines zum Thema spanischer Slang

Was ist eigentlich unter spanischem Slang zu verstehen? Eine verbindliche Antwort kann ich hier nicht geben, streiten sich doch schon Generationen von Wissenschaftlern über das Thema. In jedem Fall sind mehrere Begriffe, die die Umgangssprache charakterisieren, zu finden. Da ist die Rede vom **español coloquial** (Umgangssprache), dem **argot** (ursprünglich mal die Gaunersprache, heute allgemeiner: Straßenslang) und dem **cheli**. Der letzte Begriff wird, wenn er denn in einem Wörterbuch überhaupt auftaucht, als *"Sprache der Jugendlichen, speziell in Madrid"* definiert.

Über all dem wacht eine altehrwürdige Instanz, die **Real Academia Española** *(R.A.E.)*. Diese Akademie ist besetzt von meist in die Jahre gekommenen Literaten, die nun die spanische Sprache begutachten. Jedes Mitglied hat einen Platz inne, der mit einem Buchstaben des Alphabetes verbunden ist. Ab und zu liest man in der Zeitung, daß der *"...angesehene Schriftsteller xy den Platz des Buchstaben z eingenommen hat, und nun über die Wörter, die mit z beginnen, wacht"*. Die R.A.E. publiziert regelmäßig ein offizielles Wörterbuch, das als sprachliche Norm gilt, das *Diccionario de la Real Academia Española (D.R.A.E.)*. Diese ehrwürdigen Herren sind gegenüber Neuerungen, (wen wundert's?) natürlich nicht sonderlich aufgeschlossen. So existieren unzählige Begriffe in der gesprochenen und geschriebenen Sprache, die von der *R.A.E.* nicht autorisiert sind.

Ein Beispiel: Der Ausdruck *hacer la cusqui,* auch von mir in diesem Büchlein vorgestellt, ist in dem wohl umfangreichsten Wörterbuch der spanischen Sprache, dem *Diccionario de Uso del Español* (Wörterbuch zum Gebrauch der spanischen Sprache) von María Moliner (2 Bände, insgesamt 3000 Seiten, einsprachig) zu finden mit der Anmerkung: *"no figura en el D.R.A.E."* (nicht im D.R.A.E. aufgeführt). Das heißt, daß die Herren diesen Begriff, der längst im alltäglichen Sprachgebrauch verankert ist, schlicht ignorieren.

Im Oktober 1992 war es dann soweit: Die *Real Academia* bewegte sich doch! Vor dem Hintergrund des alles überschattenden *Quinto Centenario* - der 500-Jahr-Feier der Entdeckung Amerikas - gab die *Real Academia* ein neues Wörterbuch heraus, das zwanzigste seit 1780. Acht Jahre waren verstrichen seit der letzten "aktuellen" Ausgabe, diese datierte aus dem Jahr 1984. Die *académicos* arbeiteten hart und nahmen immerhin 12.000 neue Begriffe auf in das nun 83.500 Wörter umfassende *diccionario.* Und so lassen sich jetzt auch Slang-Begriffe wie *canuto, gilipollas* oder *porro* (alle in diesem Büchlein erklärt) finden, aber auch übernommene Wörter wie *sandwich* oder *telefax.*

Und so lesen wir mit nicht geringem Erstaunen die feinen Unterschiede, die die Académicos herausgefunden haben: *canuto* wird als "cigarillo de hachís o marihuana" definiert, während ein *porro* als, man achte auf die Feinheiten, "cigarillo de hachís o marihuana mezclado con tabaco" erkärt wird. Wenn das kein Fortschritt ist!

Was die Unterscheidung der oben erwähnten Begriffe angeht, kann das grob in folgenden Kategorien geschehen: **español coloquial** ist die Umgangssprache, die wohl jeder Mensch benutzt, deren Begriffe nicht immer fein sind, die aber meist schon im *D.R.A.E.* aufgenommen sind.

Der **argot** entwickelte sich aus der Gaunersprache der Unterwelt und hat sich im Laufe der Zeit mit deftigen Ausdrücken und vor allem mit Begriffen aus dem **caló**, der Sprache der *gitanos* angereichert.

Der Begriff **cheli** ist noch nicht so alt und beschreibt die Sprachwelt der jüngeren Menschen. Sie ist von *caló*-Ausdrücken, *argot*-Wörtern und vor allem von Ausdrücken aus dem Drogenmilieu durchsetzt. Darüberhinaus sind einige Wortneuschöpfungen entstanden. Hierzu zwei Beispiele:

★ **este cura** (= *dieser Priester)* bedeutet: ich

Priester (und damit die Religion) waren jahrhundertelang ein unantastbares Thema. Das hat sich nach dem Ende der Franco-Zeit drastisch geändert, so ist dieser Ausdruck auch als Protest zu verstehen.

★ **menda lerenda** heißt ebenfalls: ich

menda steht in der 3. Person Einzahl und bedeutet ungefähr: *meine Wenigkeit.* Der Zusatz *lerenda* ist nur ein Wortspiel.

Über *cheli* gibt es mittlerweile einige wissenschaftliche Abhandlungen, aber das wird ganz schnell ziemlich kopflastig, deshalb genug der Theorie. Tatsache ist, daß der Spanienbesucher ständig mit Begriffen konfrontiert wird, die er nur selten im Wörterbuch findet und so gut wie nie in der Schule/an der Uni lernt.

Regionale Aussprache

Nicht eben leichter wird es für einen sprachlichen Neuling, einen Südspanier aus Andalusien (*un andalú* = ein Andalusier) zu verstehen. Andalusier haben die Angewohnheit, bei vielen Wörtern die letzten Silben zu verschlucken, oder, speziell bei Wörtern in der Mehrzahl, die ja durch Anhängen eines 's' gebildet wird, dieses 's' nur zu hauchen, so daß es kaum zu hören ist. Dieses gehauchte 's' ist darüberhinaus auch mitten in einem Wort zu hören, anstelle eines c, z oder s. Beispiele:

hemo vito	*hemos visto*	wir haben gesehen
fásil	*fácil*	einfach
no esagere	*no exageres*	nun übertreib nicht
lo sapato	*los zapatos*	die Schuhe
detrá	*detrás*	hinter
vamo hasé	*vamos a hacer*	wir werden machen
dejá	*dejar*	(es) lassen

Man erkennt das System, meistens werden die Silben auf s oder r verschluckt.

Eine andere Besonderheit ist ebenfalls in Andalusien zu hören. Speziell **gitanos** sprechen das s oft sehr hart aus, so daß es fast wie ein z klingt. Beispiel:

Que coza ma rara
Que cosa más rara
Was für eine seltsame Sache

Eine letzte Auffälligkeit, die ebenfalls von den **gitanos** stammt: Ein l wird oft wie ein r gesprochen. Beispiel:

mi arma ar zielo
mi alma al cielo
meine Seele zum Himmel

Eine Madrider Spezialität, die viele "Restspanier" nicht mögen: Ein d am Wortende wird wie ein englisches th ausgesprochen. Beispiel:

la Ciudath Madrith
la ciudad Madrid
die Stadt Madrid

Damit erstmal genug, sonst seid ihr mehr verwirrt als informiert. Zum Schluß möchte ich noch eine Warnung anmerken, die sich aus eigenem Erleben ergab. Benutzt die genannten Slang-Begriffe nicht in Lateinamerika! Dort können sie eine völlig andere Bedeutung haben, die zu peinlichen, aber auch gefährlichen Situationen führen kann.

Folgendes passierte Susanne und mir während unser letzten Reise durch Mexiko: Wir kamen eines Abends in Mexiko-City von einem anstrengenden Tagesausflug ins Hotel zurück. Wir holten den Schlüssel an der Rezeption vom Portier ab. Der fragte uns, wie der Ausflug war. Ich sagte, daß er prima war, wir aber jetzt *"...hecho polvo"* seien. Er bewahrte nur mühsam die Beherrschung und grinste: *"¿Cansados?"* (Müde?). Wir nickten. Da war es endgültig aus, und er lachte laut los. *Hecho polvo* heißt in Spanien "todmüde, kaputt sein". Was wir nicht wußten: In Lateinamerika bedeutet das auf die gleiche Art ausgesprochene *echo polvo* (wörtl.: ich werfe Pulver aus) bumsen, vögeln...

Ver- und Abkürzungen

In der spanischen Umgangssprache wird vieles respektlos abgekürzt. Manchmal entstehen dadurch Neuschöpfungen, oft kann man aber den Ursprung einer solchen Verballhornung noch erahnen. Sehr beliebt sind solche Abkürzungen bei Vornamen.

Chema	José María	**Marilú/Marisa**	María Luisa
Fede	Federico	**Nacho**	Ignacio
Gigi	Miguel	**Paco**	Francisco
Lolo	Manuel/Manolo	**Pepe**	José
Maite	María Teresa	**Quico**	Francisco
Mamen	Carmen	**Rafa**	Rafael
Maribel	María Isabel	**Tere**	Teresa

Auch im Alltag trifft man häufig auf Abkürzungen, wie:

la propi	(la propina)	Trinkgeld
la moto	(la motocicleta)	Motorrad
la foto	(la fotografía)	Photo
la bici	(la bicicleta)	Fahrrad
la poli	(la policía)	Polizei
la comi	(la comisaría)	Polizeiwache
la mani	(la manifestación)	Demo
el corto	(el cortometraje)	Kurzfilm
la mili	(la milicia)	Militär

¡PAL.

Weiterhin ist wichtig zu wissen, daß die Spanier meist recht schnell sprechen und sich im alltäglichen Sprachgebrauch Verschleifungen eingeschlichen haben. Dies druckt sich im Zusammenziehen von Wörtern oder ganzen Sätzen aus. Einige gängige Beispiele:

Mecagüen...
Me cago en (la reche de tu madre)
Ich scheiß auf ...

¡Ven pacá!
¡Ven para acá!
Komm her!

¿Paqué?
¿Para qué?
Warum?

pa na
para nada
für nichts

eso cas hecho
eso que has hecho
das, was du gemacht hast

Ma gutao.
Me ha gustado.
Es hat mir gefallen.

Nos na.
No es nada.
Das ist nichts, unwichtig.

pal gato
para el gato
für die Katz'

san comprao ...
se han comprado ...
sie haben sich ... gekauft

¡Oche!
¡Oye!
Hör mal!

GATO!

¿Ti dao las pelas?
A ti te han dado las pelas (pesetas)?
Hat man dir die Knete gegeben?

Po mu fásil.
Pues, es muy fácil.
Also, das ist kinderleicht.

Ahora, que tío sa io ...
Ahora, que el tío se ha ido ...
Jetzt, wo dieser Typ abgehauen ist ...

Anglizismen

Besonders viele englische Begriffe aus dem Bereich der Technik sind mittlerweile hispanisiert worden, allerdings nicht alle: der Airbag wurde zu *almohadilla hinchable*.

choviú (showview)
bodi (Body)
champagnería
dancing
hamburguerería
kleenes (Kleenex)
poster
té (Tee)
whiskería

camping (sprich: *kamping)*
clínes (cleaners, Papiertücher)
fútbol (auch: **fúlbol**)
klaxon (Autohupe)
parking
pub (sprich: *paf*)
ticket
zapinear (zapping)

Ein Trost(?): Was die Armada nicht geschafft hat, schafft die Sprache - langsam erobert Spanien doch noch die Britische Insel. Das Diccionario de Oxford listet mittlerweile 1000 Wörter auf, die ihren Ursprung im *castellano* haben. Vielleicht ergibt sich ja daraus irgendwann eine Art *castellanninglis*.

Hacer dedo

Unterwegs in Spanien

Früher waren die Züge in Spanien langsam - sehr langsam sogar. Heute rast mit dem **AVE**, dem **Tren de Alta Velocidad Española**, einer der modernsten Hochgeschwindigkeitszüge Europas von Madrid nach Sevilla in wenigen Stunden. Auch sonst fahren flotte Züge, der **Talgo** mit Neigetechnik beispielsweise seit den 50er Jahren. In abgelegeneren Gebieten verkehrt vereinzelt noch ein Nahverkehrszug der **FEVE**, der **Ferrocarriles Españoles de Vía Estrecha**. Da wären sie also noch, die guten alten langsamen Züge. In beinahe jedem Ort gibt es noch einen Busterminal (**estación de autobuses**) von dem aus sowohl kleinste Dörfer als auch die nächste Großstadt angesteuert werden.

Autofahrer werden ein Verkehrsschild nicht kennen: ein Dreieck mit der Inschrift: **"Ceda el paso"** (Vorfahrt gewähren). Die Höchstgeschwindigkeit beträgt 90 km/h auf Nationalstraßen, 120 km/h auf Autobahnen. In den Städten setzt sich immer mehr ein neues Parksystem durch. Parkflächen (**aparcamiento**) sind durch blaue Linien markiert. Wer hier parken will, muß seine Parkzeit vorher abschätzen, und aus einem Automaten für diese Zeit ein Ticket ziehen. Die Zeit sollte nicht überschritten werden, es wird laufend kontrolliert. Das Ticket wird gut sichtbar hinter der Windschutzscheibe plaziert.

raca
Kiste
buga
Kutsche
bugata
Auto
carro (Karren)
Karre
el 4 ruedas (der Vierrädrige)
Kraftfahrzeug
renque
Zug
máquina (Maschine)
Motorrad
cabra (Ziege)
Motorrad
burra
Drahtesel
pica (Spitze, Dorn)
Kontrolleur im Zug
en zapatobús (per Schuhbus)
zu Fuß
ir a pata
auf Schusters Rappen
quemar caucho (Gummi verbrennen)
Stoff geben; brettern
escopeteado
Bleifuß fahren
grúa
Abschleppdienst
tubo (Rohr)
Metro in Madrid und Barcelona
topera (Maulwurthügel)
Metro
hacer dedo (den Finger machen)
trampen

Für die Polizei gibt es die unterschiedlichsten Begriffe. Sie sollten jedoch verständlicherweise im Gespräch mit einem Polizisten niemals gebraucht werden.

aceitunas (Oliven) **caimanes** (Kaiman) **sapos** (Kröte) **lagarto** (Echse)	*Guardia Civil* (wegen der grünen Uniform)
madero (Holz)	*Policía Nacional* (wegen der braunen Uniform)
pitufo (Schlumpf)	Verkehrspolizist (blaue Uniform)
guripa (Schutzmann oder Schupo)	*Guardia Municipal*
pasma **bofín** **madam**	Polente
piojo verde (grüne Laus)	Bulle
motoricón	Motorradbulle
untar	schmieren, bestechen

Übrigens: Wenn euer Auto einmal so zugeparkt ist, daß ihr nicht wegfahren könnt, hilft nur eins: Solange gnadenlos auf die Hupe drücken, bis jemand aus der nächsten Bar gelaufen kommt und unter vielen **perdón** seinen Wagen wegfährt.

la guita

Kohle, Zaster, Knete

Die folgenden Begriffe stehen für Kohle, Zaster, Knete:

guita (Moneten)
lata (Blech)
manteca (Fell, Butter)
parné (Vermögen)
pasta (Teig)
pastoja (viel Teig)
tela (Stoff)
pela (von **peseta**)

pasta gansa (dicker Teig)
viel Geld
pela larga (Peseten lang)
jede Menge Asche
estar seco (trocken sein)
blank sein
volcado
abgebrannt
estar sin blanca
pleite sein
zumbar (necken)
schnorren

Scheine und Münzen

"Maldito parné" (verdammte Knete) betietelte El País Semanal 1994 einen mehrseitigen Text über die vertrackte Welt der spanischen Münzen. Die Verwirrung ist groß! Warum? Es existieren zuviele verschiedene Münzen. Eigentlich gibt es nur acht verschiedene Wertigkeiten (1, 5, 10, 25, 50, 100, 200, 500 ptas.), aber insgesamt 52 verschiedene Motive und Größen!

Angefangen hatte alles Anfang der Achtziger Jahre, als man alle Symbole der Franko-Zeit beseitigen wollte, also auch die Münzen. Die neugeschaffenen Münzen zeigten stolz den Königs, aber die alten konnten dann doch nicht so schnell vom Markt genommen werden, teilweise kursieren sie noch heute.

Dazu kamen im Laufe der Zeit verschiedene Großereignisse, die monetär festgehalten wurden: Fußballweltmeisterschaft 1982 (100 ptas), Olympische Spiele 1992 (50 ptas), Weltausstellung 1992 (50 ptas). Später wurden dann verschiedene Regionen geehrt: Kanarische Inseln (25 ptas, eine Münze mit Loch in der Mitte), das Baskenland (25 ptas, auch mit Loch), die Extremadura (50 ptas), die Höhlen von Altamira (50 ptas), mehrfach Madrid und schließlich sogar ganz Europa (100 ptas). Somit gibt es den beispielsweise guten alten **duro** in fünf Versionen, die 100 ptas-Münze sechsmal und den 25er gleich neunmal. Das war dann doch zuviel, 1997 wurden etliche wieder vom Markt genommen, nun blickt bald niemand mehr durch.

Das teuerste Stück ist eine neue 2000er Münze, nicht nur vom Zahlungswert, sondern auch in der Seltenheit. Es gibt nur vier Millionen Exemplare, wahrlich, endlich einmal eine unverwechselbare Münze.

castañas (Kastanien)	Kleingeld
botón (Knopf)	die neue, sehr kleine 1-ptas-Münze

calandrias (Lerchen) **cala** (Schnitte) **chirla** (Schlag) **leandra** **púa** (Stachel) **candonga** (Meckerei) **chucha** (Hündin) **cuca** (Wurm) **lea** (Dirne) **lúa** (Leeseite) **peta** (Name) **rubia** (goldene)	1-Peseta-Münze
paro (Arbeitslosigkeit) **duro** (hart, zäh) **baré** **bolo** (Kegel) **machacante** (Ordonnant) **macho** (Männchen) **pavo** (Truthahn) **tejo** (Münzplatte)	5-Pesetas-Münze
cangrejo (Krebs)	25-Pesetas-Münze
chocolatín (Schokolädchen)/**chapa**	100-Pesetas-Münze
napo/bonis **talego** (Sack) **pápiro** (Papyrus) **lechuga** (Kopfsalat) **sábana** (Bettlaken) **un verde** (ein Grüner)	1.000-Pesetas-Schein (der ist grün)
fantasma (Phantom)/**morado** (violett)	5.000-Pesetas-Schein (ist violett)
un kilo (ein Kilo)	1.000.000 Pesetas (Drogenslang)

Telefonieren

Wer von einer öffentlichen Telefonzelle **(cabina telefónica)** ein Gespräch führen will, muß folgendes beachten: Man legt das Geld, bei einem Stadtgespräch zwei **duros** (5-Pesetas-Münzen), in die Einlegerinne und wählt die Nummer. Erst wenn der Teilnehmer sich meldet, fallen die Münzen durch. Beim Wählen nicht von dem aufdringlichen Piepton stören lassen, der verschwindet. Der Teilnehmer meldet sich nicht mit Namen, sondern mit **"Si"** oder **"Dígame"**, was soviel wie "Sprechen Sie" heißt.

Der Wählvorgang für ein Auslandsgespräch ist folgender: Zuerst 07 wählen, danach ertönt ein Pfeifton, erst danach die Ländervorwahl (für Deutschland: 49, für Österreich: 43, für die Schweiz: 41) und dann die Ortsvorwahlnummer ohne Null wählen.

a barullo

Einkaufen

Geschäfte haben in Spanien völlig andere Öffnungszeiten als in Deutschland. Meist sind sie von 9-14 Uhr und von 17-20 Uhr geöffnet. Abweichungen hiervon gibt es besonders nach hinten, denn festgelegte Ladenschlußzeiten existieren nicht. Größere Kaufhäuser haben durchgehend auf. Auch am Samstag sind viele Geschäfte den ganzen Tag über geöffnet, am Sonntag sind zumindest kleinere Läden für kurze Zeiten auf, meist nach dem Kirchgang oder am späten Nachmittag.

Wer in einem Kaufhaus weniger als 10 Artikel kauft, stellt sich bei der **caja rápida**, der schnellen Kasse an. Die meisten Waren sind seit dem spanischen EG-Beitritt mit einem Preisetikett versehen, das die Mehrwertsteuer einschließt: **"I.V.A. incluida" (= importe sobre el valor añadido)**. Wer größere Artikel kauft und diese außer Landes bringt, kann sich vom Kaufhaus die Mehrwertsteuer erstatten lassen.

burrear
feilschen, handeln

mercar
kaufen

pillar (plündern)
nehmen

aforar
Wert abschätzen

apiolar
nehmen, packen

quinar
kaufen

porrón
verdammt viel

mollar (weich)
toll, klasse, prima Qualität

la tira (Streifen)
'ne Menge
a barullo
im Überfluß

alares
Hose
calcos (Nachahmung)
Schuhe
tachines
Treter, Latschen
jupata
Jacke
fili
Hosentasche
harapos
Lumpen, Fetzen
ander hecho un harapo
schlampig angezogen sein
muy bien puesto
gut gekleidet
fardar
schnieke, pikfein

Menuda chaqueta se ha mercao el tío. (menudo = klein, winzig)
Der Typ hat sich vielleicht 'ne Kutte gekauft.
(sowohl ironisch als auch bewundernd)
vaya chaqueta (vaya = Scherz)
dufte Kluft (meist ironisch)
de marca nisupo (von: *ni su puta madre* lo conoce) der Marke
"nicht mal seine verdammte Hurenmutter weiß es",
also Kleidung/Schuhe von Billigmarken

Ponerse las botas

rund ums Essen

In Spanien wird ziemlich spät gegessen, mittags zwischen 14 und 15 Uhr, abends nie vor 20 Uhr, meist zwischen 21 und 22 Uhr. Wer zwischendurch etwas naschen will, findet immer eine Bar, wo man eine **tapa,** eine Kleinigkeit, oder einen **bocadillo,** so etwas wie ein Baguette, bekommt. **Tapas** gibt es in unzähligen Varianten, sie bestehen meist aus einem Stückchen Meterbrot, auf dem eine Olive, Sardelle, ein Ei, ein Stückchen Wurst oder, oder, oder aufgespießt ist.

Unter einer **bar** darf man sich keinen Nachtclub oder ähnliches vorstellen, sondern mehr eine Mischung aus Eckkneipe und Kaffeehaus. Die Einrichtung ist schlicht, die Gäste drängeln sich am Tresen. Sie halten sich meist nicht lange in einer Bar auf, so daß die wenigen Sitzplätze selten in Anspruch genommen werden.

Unter einer **cafetería** darf sich wiederum kein stilvolles Kaffeehaus vorgestellt werden, in dem Kellner Tabletts mit Kaffee und Cognac durch rauchgeschwängerte Luft balancieren. Eine Cafetería ist ein schlicht eingerichteter Laden mit endlos langem Tresen, wenigen Tischen und einem meist ununterbrochen laufenden Fernseher. Somit unterscheidet sie sich von einer Bar eigentlich nur durch andere Öffnungszeiten; eine Bar öffnet und schließt später.

Wichtig zu wissen ist, daß in beiden Lokalitäten jeweils unterschiedliche Preise existieren, die auf der Speisekarte unter **barra** (Tresen) und **mesa** (Tisch) verzeichnet sind. Die Preise für **mesa** sind höher, deshalb drängelt jedermann am Tresen. Wer dort steht und etwas von den verlockenden Leckereien probieren möchte, die unter Glas zu sehen sind, bestelle einfach **una tapa** von dem Gewünschten. Wer eine größere Menge möchte, bestelle **una ración**, dann bekommt man einen größeren Teller vorgesetzt.

Sich einfach an einen Tisch zu einem anderen Gast setzen, wäre unhöflich, meist regelt der Kellner das Problem. Getrennte Rechnungen sind unüblich, einer bezahlt für alle, und jeder gibt soviel hinzu, wie er meint, verzehrt zu haben.

Wer seine Mahlzeit preiswert gestalten will, der bestellt **menú del día**, das Tagesgericht, oder **plato del día**, den Tagesteller. In den ursprünglichen **bars** und **tascas** bekommt der Gast zu seinem Bier oder **vino** immer eine **tapa** kostenlos dazugestellt. Auf diese Weise kann man sich auch durchfuttern. Diese gute alte Sitte stammt aus der Zeit, als die Wirte dem Gast einen kleinen Teller auf das Bier- oder Weinglas stellten, damit keine Fliegen hineinfallen konnten. Freundliche Wirte legten schon mal eine Olive oder Sardelle auf diese Teller. So entstand recht schnell die Sitte, daß dem Gast grundsätzlich eine Kleinigkeit, **aperitivo** oder **tapa** genannt zum Bier/Wein dazugestellt wurde.

Die folgenden Ausdrücke werden für "essen" verwendet:

chascar (mit der Zunge schnalzen)
mampfen

jalar
verschlingen

jamar
verdrücken

manducar
futtern

papear
verputzen

zampar
schlingen

engullir
fressen
gusa
Hunger
ponerse como un quico (von *Francisco)*
reichlich futtern und trinken
ponerse las botas (die Stiefel anziehen)
bis zum Überfluß schlemmen
llenarse la barriga
den Bauch vollschlagen
tener el estómago en los piés
der Magen hängt in den Kniekehlen
ponerse morao
sich vollschlagen
galufa
Kohldampf

Eßbares

bikini
bocadillo mit Käse und Kochschinken

flauta (Flöte)
extra großer *bocadillo*

pepito
bocadillo mit Fleisch

montao
bocadillo mit Schinken oder **Lomo**
(= Rückenstück vom Rind oder Schwein)

violín (Geige)
bocadillo, der extrem lang ist

bocata
Verballhornung von *bocadillo*

alcagüese/cacahuetes
Erdnüsse
andorga
Bauch, Pansen
gallinejas
Schweinebauch
panchitos
salzige Erdnüsse, bekommt man oft in Bars als *tapa*
chopitos
kleine, fritierte Tintenfische
pincho de tortilla (pincho = Stachel)
ein Stückchen *tortilla*
tapiñar
durch *tascas* und *bars* ziehen und überall eine *tapa* verzehren
¡Una de champi!
so werden in Bars fritierte Champignons bestellt
¡Qué aproveche!
Guten Appetit!

Estar en vela

Durch Bars, Tascas und Tabernas

Das Durch-die-Kneipen-Ziehen ist fast ein spanischer Volkssport, **chateo** genannt (ein kleines Gläschen - meist Wein - trinken) oder auch **tapeo** (ein paar Tapas naschen). Sie ziehen durch die Läden, trinken überall ein schnelles Gläschen und weiter geht's. Am frühen Abend, kurz vor dem Essen, ist die ganze Familie unterwegs. Die Mütter flanieren mit den älteren Töchtern über die Haupteinkaufsstraßen, während die Väter und die älteren Söhne in ihren jeweiligen Bars den neusten Fußballklatsch austauschen. Nach dem Essen geht es dann richtig los, oft genug bis in den nächsten Morgen hinein. Ein Spanier zieht sehr selten alleine los, eine Spanierin niemals. Das nennt man denn auch konsequent **copeo**, auf ein paar 'copas' (Gläser mit härteren Drinks) ausgehen.

licha	Gasse
rue	Straße
cuchitril (Schweinestall)	Absteige, mieses Hotel

cerillero

Verkäufer von Tabak und einzelnen (!) Zigaretten in Bars

pipera

Verkäuferin von pipas (Nüssen) und ähnlichem in den Bars

echar una canita al aire

(ein Härchen in die Luft werfen)

auf die Pauke hauen

¡Nos tomamos unos vidrios!

(Laßt uns ein paar Gläser nehmen!)

einen Heben gehen!

vacilar con dos cervezas

(mit 2 Bieren schwanken)

2 bis 3 Bierchen zischen

¡Estuve de juerga!

Ich habe einen draufgemacht!

estar en vela

(in der Nachtwache sein)

die Nacht durchmachen

¡Nos hemos pasado la noche de rule!
Wir haben einen Zug durch die Gemeinde gemacht!
darse un bureo
einen draufmachen
hacer el viacrucis
(den Kreuzweg machen)
mit Freunden durch die Bars ziehen
echarse unos pelotazos
einige Drinks einwerfen
pasar la noche en blanco
durchmachen
pegarse una puerta
(an einer Tür kleben)
rausgeschmissen werden
desaparecer de escena
(von der Szene verschwinden)
abhauen, verduften
menear el esqueleto
(das Skelett schütteln)
einen abrocken, tanzen
aquí hay cuatro gatos
(hier sind vier Katzen)
tote Hose, nichts los
a tope
proppenvoll
¡Aquí hay una movida chunga!
Hier ist es beschissen!
¡Allí tiene mucha marcha!
Dort geht's richtig ab!
¡Es un sitio güay!
Das ist 'n prima Laden!
¡Es un sitio de puta madre!
Das ist ein affengeiler Laden!

Rund ums Trinken

lozoya
Glas Wasser
uno con reche
Kaffee mit Milch
un cortado
Kaffee mit etwas Milch
un solo
schwarzer Kaffee
carajillo
Kaffee mit Schuß, meist Cognac
escosés (schotte)
Mischung aus Kaffee und Whisky
irlandés (Ire)
Kaffee mit Whisky und Sahne
birra
Bier
clara (Lichtung)
Glas Bier mit Zitronenlimonade
corto (Kurzer)
kleines Glas Bier
caña (Halm)
Glas Bier
jarra
Krug Bier
botellín
Fläschchen Bier
quinto (Fünftel)
Fläschchen Bier
litrona
Einliterflasche Bier
cubata (von *cuba libre*)
eigentlich Cola mit Rum, aber auch andere Mixgetränke werden so bezeichnet. Beispiel: *una cubata de ginebra* (mit Gin und Tonic)

chato (platt)
Glas Wein (**chato** = flaches Weinglas)
chiquito (Kleiner)
kleines Glas Wein
mollate
Rotwein
calimocho
Mischung aus Cola und Wein
destornillador (Schraubenzieher)
Mischung aus Wodka und Orangensaft
raf
Coca Cola mit Gin
rioja libre (freier Roter)
Coca Cola mit Wein
sol y sombra (Sonne und Schatten)
Mischung aus Anis und Cognac
copichuela
Glas
chispazo (Klatsch)
ein Schlückchen

la penúltima copa
das vorletzte Glas
(auf das noch eine ganze Reihe folgen kann)
soplar (wegblasen)
schlucken
privar (betäuben)
zechen
trincar (trinken)
saufen

chingar
viel und oft zechen
chatear
mit Freunden *chatos*
(kleine Gläschen Wein) trinken
achisparse
sich einen antrinken
empinar el codo (den Ellenbogen heben)
regelmäßig zechen
estar tararí
beschwipst sein
coger una chispa (den Funken fassen)
beschwipst sein
agarrarla (sie [die Chispa z.B.] packen)
besoffen sein
estar peneque
betrunken, bezecht sein
engancharla
hängenbleiben
mordaga
Rausch
cogorza
Rausch
trompa (Brummkreisel)
Rausch
pítima
Suff
melopea
Besäufnis
estar ciego (blind sein)
besoffen sein

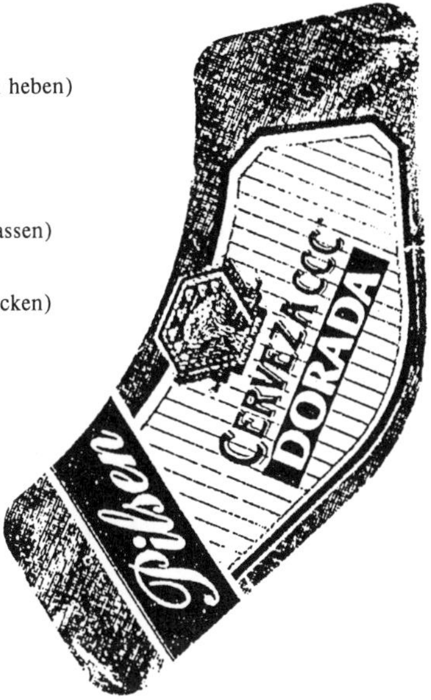

tener un melocotón (einen Pfirsich haben)
besoffen sein
tener una merluza (einen Seehecht haben)
besoffen sein

borrachera (Rausch)
Gelage
francachela
Zechgelage
juerga
Sauferei, Zechtour
fudre
Besäufnis
llorona
tristes Besäufnis

und die Folgen

echar la pota
kotzen
resaca (Brandung)
Kater
modorra (Schläfrigkeit)
Katzenjammer
la cabeza hecha una bomba
(der Kopf ist 'ne Bombe)
dicker Kopf

me mareo
mir ist schwindelig
le entran bascas
ihm ist übel
tengo genas de vomitar
mir ist zum Kotzen
vomitar
brechen, sich übergeben

cambiar la peseta
(die pesetas wechseln)
kotzen
echar la pastilla
(die Pillen auswerfcn)
göbeln
arrojar (werfen)
reihern

Klo und so

Wer die Toilette sucht, fragt: **"¿Dónde está el baño?"** oder auch: **"¿Por dónde están los servicios?"** Hat man sie schließlich gefunden, liest man an der Herrentoilette entweder die Aufschrift **hombres** (Männer) oder vornehmer **caballeros** (Ritter oder Edelmann), während an der Tür zu den Damentoiletten einfach **señoras** (Damen) prangt.

Wer seinen Freunden mitteilen will, daß er/sie mal eben verschwinden muß, sagt **"Me voy al baño."** ("Ich gehe zum Bad.", was in Spanien aber auch Klo bedeutet) oder **"Voy a mear."** (Ich gehe pinkeln).

mear
pinkeln

hacer pipi
Pipi machen

plantar la estaca (den Pfahl pflanzen)
kacken

jiñar
scheißen

caca
Scheiße

flujo de vientre (Ausfluß des Bauches)
flotter Otto

seguidillas (Name für einen spanischen Tanz im 3/4 Takt)
Durchmarsch, Dünnschiß

pedo
Pups

cuesco (Kern)
lauter Furz

peer
furzen

largar pedos
pupsen

Da gibt es aber noch farbigere Ausdrücke:

cambiar el agua a las aceitunas
(Wasser tauschen an den Oliven)

cambiar el agua a las olivas
(Wasser tauschen an den Oliven)

cambiar el agua a las castañas
(Wasser tauschen an den Kastanien)

cambiar el agua al canario
(Wasser auf Kanarische Art tauschen)

mezquita de Alí-Ben-A-Mear
(Moschee von Ali-Ben-Pinkel)
Pinkelbecken

tigre (Tiger)
Kloschüssel

Yerba y flora

Drogen

Spanien hat neben Holland die liberalsten Drogengesetze Europas. Es ist praktisch unmöglich nicht wahrzunehmen, daß in vielen Lokalen der Joint kreist, bzw. man in allen größeren Städten an den zentralen Plätzen angesprochen wird. Damit ihr hier ein wenig den Überblick bekommt, was man euch jeweils andrehen will, nenne ich ein paar Beispiele der geläufigsten Begriffe.

cilindrín (Zylinderchen) Lulle **pito** (Trillerpfeife) Kippe **plajo** Lulle, Zichte	Zigarette
calada/caladita	Zug aus einer Zigarette oder Joint
camello	Dealer
flora (Pflanze) **manteca** (Fett) **caca** (Scheiße)	Drogen allgemein
mono (Affe) / **pava** (Truthahn)	Entzugserscheinungen
estar con el mono	auf dem Affen sein

porro (Tölpel) **cachorro** (junger Hund) **canuto** (Röhre) **varillo** (Stäbchen) **flai** (von engl. *fly*) **yoi** (von *Joint*) **yerba** (Gras) **rama** (Zweig) **maría** (von *Marihuana*)	Joint

chocolate/costo/magra
Haschisch
tila (Linde)
Marihuana
grifota
Marihuanaraucher
talego
Hasch für 1000 Pesetas (= **talego**)
matarlo
einen Joint aufrauchen

ajo (Knoblauch) **lenteja** (Linsen) **estrellita** (Sternchen)	LSD
caballo (Pferd)	Heroin
estar colgado (behängt sein) **estar enrollado** (eingerollt sein) **estar tirado** (lang sein) **estar pillado** (geplündert sein)	auf dem Trip sein

Gestik und Mimik

Die Spanier kommunizieren sehr lebhaft, reden quasi "mit Händen und Füßen". Gesten gehören bei ihnen weit mehr zur Unterhaltung als bei uns, daher ist es unumgänglich, die wichtigsten Zeichen zu kennen (und womöglich zu vermeiden).

Ohne Vorurteile zu transportieren, darf gesagt werden, daß die Spanier lebhafter kommunizieren. Dazu gehören auch deutlich ausgeprägtere Handbewegungen, Gesten und eine andere Körpersprache. Hier ein paar Hinweise: Wer Leute beobachtet, die tief versunken in ein lebhaftes Gespräch durch die Straßen schlendern, wird schnell eine typische Haltung erkennen. Die beiden gehen sehr dicht zusammen, berichten einander ausführlich, beleuchten eine Sache von mehreren Seiten. Unterstrichen wird die jeweilige Aussage durch heftige Bewegungen des Armes und der Hände; jeder Satz, jedes Wort wird regelrecht unterstrichen. Bei ganz besonders wichtigen Argumenten "bremst" der Sprecher sein Gegenüber, faßt ihn am Arm, stoppt ihn, "dreht" ihn förmlich zu sich, hält ihn fest und sagt mit dem ganzen Gewicht seiner Persönlichkeit was er zu Sagen hat. Der andere soll doch bitte der Argumentation folgen, das ganze wird mit deutlichen Armbewegungen untermalt, die Hand wandert auf und ab, markiert jedes Wort. Etwa nach jedem dritten Satz wird ein "*¿Entiendes*" (Verstehst Du?) rhetorisch angehängt. Schließlich gibt er sein Gegenüber frei, nicht bevor er nach mehreren endlosen Pausen immer noch ein gewichtiges Argument nachgeliefert hat. So spazieren sie endlos langsam, stoppen alle paar Meter und reden aufeinander ein.

Nicht umsonst gibt es in einigen Autobussen noch die Hinweisschilder, daß man nicht mit dem Fahrer während der Fahrt reden soll, "*porque necesita las manos para conducir.*" (weil er die Hände zum Fahren braucht). Erkennt ein Angesprochener die Richtigkeit einer Aussage, oder bemerkt er urplötzlich eine neue Sache, schlägt er sich mit der flachen Hand an die Stirn. Das bedeutet: "Mensch, ja klar, hast recht, so ist es". Nicht verwechseln mit dem, was man bei uns vielleicht mit einer derartigen Bewegung assoziieren würde, nämlich "Du bist ja bekloppt".

Winkt ein Spanier jemanden heran, glaubt ein Nordeuropäer oft, daß er wegbleiben soll. Das ist falsch und basiert auf einem Mißverständnis. Die Spanier winken anders. Die Hand wird so gedreht, daß der Handrücken nach oben zeigt, die Finger nach unten. Nun wird die Hand ein paar mal heftig zum Körper geschlagen, daß sieht in etwa so aus, wie eine abwehrende Geste bei uns, die sagen soll: "Bleib mir vom Leib"! Gemeint ist aber: "Komm her!"

Ein interessantes Detail kann auch beim Zählen mit den Händen beobachtet werden. Wie zählt ein Deutscher? Er zählt: "Eins, zwei, drei, vier, fünf" und streckt bei jeder genannten Zahl einen Finger hoch, beginnend mit dem Daumen, der kleine Finger ist der letzte, stimmt's? Wie zählt der Spanier? "Uno, dos, tres, quatro" und bei jeder Zahl berührt er mit dem Daumen einen Finger, beginnend mit dem kleinen Finger, bis er bei "vier" den Zeigefinger erreicht. Dann sagt er "cinco" und schlägt leicht mit dem Zeigefinger gegen den Daumen.

★Eine Geste könnt ihr ständig beobachten: den **Handkorb**. Die Finger einer Hand sind leicht gekrümmt, zeigen nach oben und werden leicht gegen-einander gestoßen. Das bedeutet nichts anderes als **"viel"**.

Zum Beispiel wird auf die Frage: "War gestern was los in der Disko?" geantwortet: ¡así! (= so!) und der Handkorb gezeigt. Das bedeutet dann: "Proppevoll!". Die Geste läßt sich auf alle möglichen Situationen übertragen, sei es, daß es sich um Geld, Autoverkehr, überlaufene Strände oder um einen Kneipenbesuch handelt.

★Vorsicht vor der **cornudo-Geste**: Zeigefinger und kleiner Finger sind ausgestreckt, Mittel- und Ringfinger dabei gekrümmt. Diese Geste zeigt dem Gegenüber, daß er ein **gehörnter Ehemann** ist, daß seine Frau fremd geht. Das ist eine heftige Beleidigung.

★Eine andere Beleidigung ist das **leichte Drehen des Zeigefingers an der Wange**. Somit deutet ihr an, daß ihr den anderen für **schwul** haltet. Da ein rechter Macho dies nie zugeben würde, ist eine handfeste Reaktion gewiß.

★Der **Unterarmschlag** bedeutet in Spanien **Kraft und Potenz**, wird also genau wie bei uns gebraucht. Das Zeichen ist eine eindeutig **aggressive Geste**, deshalb Vorsicht im Gebrauch.

★Eine andere Geste kann weitaus harmloser eingesetzt werden: Der **nach oben gestreckte Zeigefinger der rechten Hand** wird hin und her bewegt, ungefähr in Brusthöhe, die Handfläche zeigt dabei nach vorn. Bedeutung: Eine **Frage wird verneint**.

★**Schnalzt** man beim Fingerschwenken zusätzlich leicht mit der Zunge, ist die **Ablehnung** deutlicher. Diese Geste kann **auch als Warnung** verwendet werden, eine geplante Handlung zu unterlassen. Dabei ist der Arm aber weiter vom Körper weggestreckt.

Yo paso de todo

die lockere Sprache des Alltags

Hier jetzt eine Sammlung allgemeiner, lockerer Ausdrücke. Ich habe versucht, sie so gut es ging zu sortieren; Überschneidungen ließen sich aber nicht vermeiden.

Begrüßen

Von den üblichen Begrüßungsformeln gibt es zahllose Abweichungen.

¡Hola, buenas! (statt: **buenas tardes**)
Guten Abend!

¡Hola, muy buenas!
Guten Abend!

¡Buen día! (statt: **buenos días**)
Guten Tag!

¡Hola macho! (He, Männchen!)
Hey, Kumpel!

¡Hola, pichi!
Hey, Alter!

¿Qué tal?
Wie geht's?

¿Qué me cuentas?
Was erzählst du mir [Neues]?
¿Qué va?
Was gibt's?
¿Qué hay?
Was ist los?
¿Cómo va?
Wie läuft's?
¿Qué pasa colega/titi?
Was gibt's, Kumpel/Alter?
¿Qué hay tú, tururú?
Was ist los, Mensch?
¿Qué estás haciendo?
Was machst'n gerade?
calderos
rumhängen
¡Ven pa acá, chalao/chaval!
Komm her, Alter/Kumpel!
¡Aquí, mi hermano!
"Hier, mein Bruder!" (So wird jemand vorgestellt.)

Verabschieden

Auch für die Verabschiedung gibt es eine reiche Auswahl:

¡Hasta lueguito!
Bis neulich!

¡'ta luogo!
Bis bald!

¡Chao!
Tschüß!

¡Hasta pronto!
Bis bald!

Este cura se va
Ich haue ab (zu **este cura** siehe vorn)

¡Chaocito hijito!
Tschüßchen Söhnchen!

¡Qué te vaya muy bien!
Laß es Dir gut gehen!

¡Hasta la siega del pepino!
Auf Nimmerwiedersehen!
(Bis zur Gurkenernte)

Halt die Klappe!

Die hier genannten Ausdrücke klingen teilweise sehr drastisch, sind meist aber gar nicht so heftig gemeint und fließen ständig, quasi als Floskeln, in die Unterhaltung ein.

¡Tírate de la moto! (Schmeiß Dich vom Motorrad!)
Red keinen Mist!

¡Amos anda! (Unmöglich, geh!)
Komm, hör auf!

¡Amos, no tires pegotes!
Laß stecken! Übertreib nicht!

¡Ni fútbol ni que niño muerto! (Kein Fußball und kein totes Kind!)
Vom Fußball will ich nichts mehr hören!

¡Ni hablar del peluquín! (Nicht von der Perücke reden!)
Das kommt überhaupt nicht in Frage!

¡No me jodas! (Fick mich nicht!)
Erzähl mir keinen Scheiß!

chafar (zerknüllen)
jemanden zum Schweigen bringen

¡No te jodas! (Fick dich nicht!)
Spinn' nicht rum!

¡No digas chorradas!
Red' keinen Scheiß!

¡Qué rollo! (Was für eine Rolle!)
Was für eine langweilige Geschichte!

¡Calla la boca!
Halt's Maul!

¡Tú, tranquilo!
Du bist still!

¡Tranqui tronco!
Bleib ruhig, Kumpel!

¡Mutis!
Ruhe im Saal!

polcata
Streit, Krach

¡Corta el rollo, tío! (kürz die Rolle, Onkel)
Sei ruhig, Alter!

¡Achanta!
Klappe!, Sei ruhig!

¡Ni que niño muerto! (Und nicht einmal das tote Kind)
Davon will ich nichts mehr hören, basta!

¡Cremallera! (Reißverschluß)/**¡Cállate!**
Halt die Klappe!

¡Chanta el bistec! (Verschling das Beefsteak!)
Halt die Klappe!

¡Echa el cierre! (Wirf den Verschluß!)
Halt den Mund!

¿Tastotoque? (von *¿Estás tonto, o qué?*)
Biste blöde, oder was?

Hau ab!

¡Aliguera!
Hau ab!
¡Descapulla!
Laß mich in Ruhe!
¡Vete al diablo!
Scher dich zum Teufel!
¡Vete a tomar por culo!
Verpiß Dich!
¡Vete a la mierda! (**mierda** = Scheiße)
¡Vete al carajo! (**carajo** = Schwanz,Penis)
¡Vete a la porra! (**porra** = Knüppel)
¡Vete a hacer gárgaras! (**hacer gárgara** = gurgeln)
¡Vete a freír monas! (**freír monas** = Affen braten)
Scher dich zum Teufel!, Verpiß dich!
¡Haz una bandera! (Mach eine Flagge!)
Schieb ab!
¡Amos vete al congo! (Geh zum Kongo!)
Zieh Leine!
¡No me jeringues! (Spritz es mir nicht ein!)
Laß mich in Ruhe!
¡No me jodas! (Fick mich nicht!)
Erzähl mir keinen Scheiß!

abhauen

perder el culo (den Hintern verlieren)
Hals über Kopf abhauen
ir por la ventola
verduften, verschwinden
najar
laufen, rennen
ahuecar
abhauen
aligerar (erleichtern)
weglaufen
darse el zuri
flüchten, verduften
¡Me las piro!
Ich verdufte!

Ärger machen, Ärger haben

Me quedo colgao. (Ich bleibe hängen.)
Man hat mich hängengelassen.

¡Me estoy cabreando! (Das ärgert mich!)
Das wurmt mich!

hacerle polvo a uno (jemanden zu Pulver machen)

hacerle la cusqui (jemanden schädigen)
(**cusqui** = Verballhornung von *cusca*)

hacerle la puñeta (jemanden wichsen)
jemanden ärgern, nerven

darle leña a alguien (jemandem Brennholz geben)
jemanden durchprügeln

¡Te doy una hostia! (Ich geb Dir eine Hostie!)
Ich knall dir eine!

¿Atiquitipasa? (von *a ti, ¿qué te pasa?*)
Geht's dir nicht gut?, Willste Ärger?

Te han liao.
Die haben dich gelinkt.

tragar bilis (Galle schlucken)
den Ärger runterschlucken

hinchar (aufblasen), **jorobar** (belästigen)
anmachen, belästigen

achantar
jemanden einschüchtern

acoquinarse
sich einschüchtern lassen

echar un trepe
jemanden zusammenscheißen

dar una leche (Milch geben)
jemandem eine reinhauen

echarle la bronca a alguien
jemandem Ärger machen

chinchar
belästigen
endiñar a uno
jemanden bescheißen
encabritarse (aufbäumen)
sich ärgern
encabronarse
wütend werden
incordiar
ärgern, nerven
merengar
auf die Nerven gehen
chafar (zerdrücken)
verderben, den Spaß verderben
cabreo
Wut, Zorn
leñazo
Kloppe, Prügel
canear (grau werden)
schlagen
puñetería
beschissene Situation
putada
miese, linke Aktion
aciguatar (lauern)
festnehmen, jdn. schnappen
trincar (festmachen)
festnehmen
¡Qué rollo! (Welche Rolle!)
Was für ein Mist!
dar la castaña a alguien (jemandem die Kastanien geben)
jemanden prellen

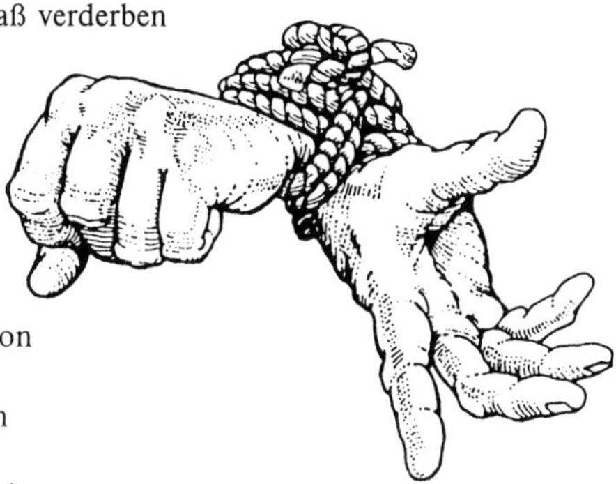

Militär

hacer la mili (Militär machen)
Militärdienst ableisten

mercar el caqui (Khaki anziehen)
Militärdienst ableisten

padre (Vater)
ein Soldat, der die Hälfte seiner Dienstzeit rum hat

abuelo (Großvater)
Soldat, mit drei bis sechs Monaten Restdienstzeit

bisabuelo (Urgroßvater)
Soldat, mit einer Restdienstzeit bis zu drei Monaten

Begreifen - Verstehen

Gerade bei den Slangbegriffen kann es vorkommen, daß ihr nichts versteht und dem Gegenüber sagen müßt, daß er einen Ausdruck erklären soll: **¡Acláramelo!** (Verklicker ihn mir!)

aclarar (aufklären)	verklickern
chanar	verstehen
enterarse (sich überzeugen)	begreifen
diquelar	kapieren, spannen
comer el coco (die Kokosnuß essen)	überreden, überzeugen
¡Imagínate!	Stell Dir mal vor!
coscarse	wahrnehmen
NPI (von: *ni puta idea*)	
No tengo ni puñetera / puta idea / zorra.	Ich habe absolut keine Ahnung./Ich habe nicht den leisesten Schimmer.

Erstaunt sein

estar mosca (Fliege sein)
argwöhnen
olerse la tostada (den Toast riechen)
argwöhnen
¡Fíjate!
Stell dir vor!
¡No me digas!
Sag bloß!
¡Mírale!
Sieh an!
¡Menos mal! (weniger schlecht)
Wenigstens etwas!
estar chafado (den Mund gestopft haben)
vor Überraschung sprachlos sein
aturrullarse (aus der Fassung geraten)
in Verwirrung geraten
¡Tiene cojones la cosa! (die Sache hat Eier)
Das ist aber ein dickes Ei!
perder los papeles (Papiere verlieren)
die Fassung verlieren

Zustimmen

¡Legal!
Das ist wahr!
¡Es verdura! (ist Gemüse) (Verballhornung von *es verdad*)
Das stimmt!

¡Claro que sí!
Na logisch
¡Eso sí! (Das ja!)
Das schon!
¡Vale!
In Ordnung, O.K.!
¡Eso digo yo! (Das sage ich!)
Das ist auch meine Meinung!
¡Équili!
Ausruf der Zustimmung
Mandacojones
Na gut, okay, machen wir
¡Esto me mola!
Find ich gut!, Das gefällt mir!

Ablehnen

¡De eso nada!
Davon will ich nichts hören/sehen!
¡Qué va!
Hör auf!, Laß stecken!
¡Ca!
Ausruf der Ablehnung
¡Narices! (Nasen)
Von wegen! Nicht mal im Traum!
Esto me trae frito.
Das ist mir lästig.
Eso no me hace tilín. (Das klingelt nicht bei mir.)
Das macht mich nicht an.
¡Eso no me pilla de sorpresa! (Das nimmt mir nicht die Überraschung!)
Das läßt mich kalt!

¡Napias!
Denkste!

¡Ni hablar! (nicht mal sprechen)
Kommt gar nicht in Frage!

¡Leche! (Milch)
Donnerwetter!

¡Me fastidia! (Das ekelt mich an!)
Das kotzt mich an!

¡Me joroba! (Das belästigt mich!)
Das stinkt mir!

¡Qué bárbaro! (Wie barbarisch!)
Ungeheuerlich!

¡Esto es una chorrada!
Das ist Blödsinn!

¡Nasti!
Nein!

¡De esto nasti!
Nix da!

¡P'al gato!
Für die Katz'!

¡Pa chasco!
Das fehlt noch!

¡A tomar por culo!
Für'n Arsch!

¡No me amola!
Das paßt mir nicht!

¡Ni carajo!
Im Leben nicht!

¡A mi plin!
Das interessiert mich nicht!

¡No me importa ni un pepino! (**pepino** = Gurke)
Das interessiert mich nicht die Bohne!

¡No me importe ni un rábano! (**rábano** = Rettich)
Das ist mir schnuppe!

¡Ya decía yo! (sagte ich schon)
Ich dachte es mir doch!
¡No me toques los cojones! (Berühr meine Eier nicht!)
Leck mich am Arsch!
¡Naranjas de la China! (Orangen aus China)
Eine unmögliche Sache!
¡Y luego me la chupa! (Und hinterher lutsche ichs mir!)
Und nachher bin ich der Dumme!
¡Por los cojones! (**cojones** = Eier, Hoden)
Für'n Arsch!
¡Naturaca! (von: *naturalmante)*
Natürlich! (ironisch gemeint)

egal

¡Da igual!
Ist egal!
¡Yo, qué sé!
Was weiß ich!
¡Da lo mismo!
Ist das gleiche!
¡Me la sudo! (Ich schwitz es aus.)
Ist mir scheißegal!
¡Qué más da!
Was sonst!
¡Qué sé yo!
Was weiß ich!
Yo paso de todo. (Ich geh an allem vorbei.)
Ist mir scheißegal!
Va de perilla.
Es läuft wie am Schnürchen.

Glück - Pech

tener chorra
Glück haben
¡tenerla lisa!
Schwein gehabt!
tener potra
ein Glückskind sein
de chiripa
zufällig
chamba
Zufallstreffer

gafar
Unglück bringen

esbalar (ausgleiten)
in die Kacke fassen

cenizo (Asche)
Pechvogel

escoñar
verpatzen

Me han dado una vara.
(Man hat mir eine Rute gegeben.)
Man hat mir 'ne Lektion erteilt.

Le han birlao.
Man hat ihn beschissen.

meter la pata (einen Bock schießen)
in's Fettnäpfchen treten

columpiarse (sich schaukeln)
sich bloßstellen

cola dura (harte Reihe)
Blamage, Reinfall

Quasseln - Brabbeln

dar a la lengua (der Zunge geben)
tratschen

echar una parrafada (ein Schwätzchen machen)
quasseln

cotillear
klatschen

mascullar
murmeln
cotorrear
schnattern
chisme (Klatscherei)
Gequassel
rajar (spalten)
motzen
bacilar
prahlen
puchar
labern
berrearse (blöcken)
angeben
charrar
ausplappern
desembuchar
ausplaudern, auspacken
escupir (ausspucken)
ausposaunen
delirar (fiebern)
spinnen
fantasmear (phantasieren)
auf die Tonne hauen
bocazas (Mäuler)
Quasselstrippe
chivato
Petzer, Spitzel

darle la lengua (ihm die Zunge geben)
ständig und viel quatschen
¡al loro! (zum Papagei)
Alle mal herhören!
chacharear (schwatzen)
sabbeln
largar una barbaridad
mit einer Dummheit herausplatzen
tomar el pelo (das Haar nehmen)
verarschen
tomar la cabellera (die Perücke nehmen)
veräppeln
chamullar
unverständlich brabbeln, radebrechen
¡Me lo vas a decir a mí!
Mir brauchst du das nicht zu sagen!

Klauen

arramblar (anschwemmen)
stibitzen
birlar
prellen, wegschnappen
chorar
klauen
churimangar
klemmen
guindar (hinaufwinden)
angeln
levantar (aufheben)
abräumen
mangar
mopsen
nicabar (trennen)
klauen
randar
stehlen
hurtar (betrügen)
linken
volata
Langfinger
chorizo (Paprikawurst)
Dieb

Schuften - Arbeiten

Eines der gängigsten Vorurteile, das es gibt, sagt den Spaniern nach, daß sie "die Arbeit nicht gerade erfunden hätten". Die Spanier haben notgedrungen ihren Arbeitsrythmus den Temperaturen angepaßt. So wird im allgemeinen von 9-14 Uhr gearbeitet, dann folgt während der heißesten Tageszeit die **siesta** und von 17-20 Uhr wird ein zweites Mal losgelegt.

In nicht wenigen spanischen Köpfen gilt immer noch derjenige als angesehener Mann, der existieren kann, ohne einem ersichtlichen Broterwerb nachzugehen. Der Ursprung dieser Einstellung liegt in früheren Jahrhunderten als nur derjenige sich zum Kreis der Adligen zählen durfte, der nicht zu arbeiten brauchte. Wer dies doch mußte, verlor all seine Privilegien. Deshalb versuchten viele verarmte Kleinadelige, den Lebemann vorzutäuschen, waren aber nichts anderes als **muertos de hambre**: Hungerleider.

calzarse (anziehen)
einen Posten einnehmen

chupar
nassauern

currar
schuften, malochen

dar el callo (Schwielen geben)
hart arbeiten

ponerse las pilas (die Batterien einlegen)
sich aufraffen

dar cuartelillo (Wachhaus geben)
jemandem helfen

camelar (einschmeicheln)
in den Arsch kriechen

quedarse frito (fritiert bleiben)
müde, kaputt sein

estar hecho polvo (zu Pulver gemacht)
total kaputt sein

¡Eso tiene mucho tomate!
(Das hat viele Tomaten!)
Das ist vielleicht kompliziert!

crudo (hart)
schwierig

Esto está tirao.
Das ist kinderleicht.

romperse los cuernos (Hörner zerbrechen)
sich den Arsch aufreißen

descornarse
hart arbeiten

pringar (blutig schlagen)
sich abrackern

hincarla (aufstemmen)
verbissen arbeiten

quedarse frito (gebacken bleiben)
total kaputt sein

planchar la oreja (das Ohr bügeln)
auf's Ohr hauen

matar la araña (die Spinne totschlagen)
rumhängen

trapichero
unsauberes Geschäft, Schacherei

guarrería
Pfusch, schlampige Arbeit

dar el lique (Abrechnung geben)
(**lique** von *liquidación* = Abrechnung, Auflösung)
rausgeschmissen werden

baranda (Geländer)
Chef

mandamás
Chef

currante
Malocher

hortera / atlátere
Gehilfe

manazas
Tölpel, einer mit zwei linken Händen

librar
freien Tag haben

forrarse
dumm und dämlich verdienen

un rascacuartos
jemand, der überall seine Finger drin hat und mitverdient

¡Mañana cojo dinero!
Morgen gibt's Kohle!

¡Ese se curra el bar a tope!
Der Typ schmeißt den Laden!

bacalada
Bestechung

engrase (Fett)
Schmiergeld

Lernen und Studieren

Die Schuljahre sind in Trimester unterteilt. Die Schulferien verteilen sich auf zwei Monate Sommerferien (meist vom 15. Juli bis 14. September). Unterricht wird auch nachmittags, oft sogar samstags abgehalten.

Es existiert ein anderes Notensystem, es werden Noten von 1 bis 10 vergeben, wobei 10 die beste erreichbare Note ist.

Vielfach werden noch Schuluniformen getragen, besonders an Privatschulen. Eingeführt wurde die Uniformierung der Schüler vom Diktator Franco. Sie sollte der Gleichheit der Schüler, wenigstens der Kleidung nach, dienen. Doch im Laufe der Zeit kehrte sich der Umstand ins Gegenteil. Die Schuluniform wurde zum Statussymbol. Da jede Schule ihre eigene Uniform besaß, konnte an der Schuluniform der Kinder der Status der Eltern abgelesen werden.

Das System der Universitäten ist ähnlich aufgebaut, bis auf das Tragen von Uniformen. Für jeden Kursus muß eine Studiengebühr bezahlt werden, die nicht unerheblich ist. Der Kursus läuft das ganze Studienjahr über, eine Einteilung nach Semestern gibt es nicht.Am Ende stehen schriftliche Prüfungen, wer besteht, darf im kommenden Jahr das nächst höhere Studienjahr besuchen. Viele Studenten gehen deshalb während des Jahres kaum zur Uni, und versuchen nur, am Ende des Studienjahres die Prüfung zu bestehen.

cátedro
Pauker (von *catedrático*, Oberlehrer)

coladero (Sieb)
ein Dozent, bei dem man leicht die Prüfung besteht

estradivarius
Streber

chuleta (Kotelett)
Spickzettel

tocho
Wälzer

chapar
studieren

empollar (ausbrüten)
büffeln

desgastarse (verschleißen)
ernsthaft studieren

romperse los codos (sich die Ellenbogen zerbrechen)
ernsthaft und viel studieren
quemarse las pestañas (sich die Wimpern verbrennen)
ständig nachts studieren
enrollar (einrollen)
sich auf etwas konzentrieren
ir de cráneo (unter der Hirnschale gehen)
den Kopf voll haben
comerse el coco (die Kokosnuß essen)
sich das Gehirn zermartern
ser un melón (eine Melone sein)
dumm sein, nix verstehen
tumbar (umwerfen)
eine Prüfung schmeißen
roscón (eine Null)
Ungenügend (das Examen ging in den Teich)
repesca
Nachprüfung

Körperteile

(weitere Details siehe Seite 90)

antenas (Antennen)
Ohren
acais
Augen
clisos
Augen
bistec (Beefsteak)
Zunge
piños
Zähne
picota (Spitze)
Nase
coco (Kokosnuß)
Kopf
cebolla (Zwiebel)
Kopf

cachola (Topf)
Kopf

careto (Maske)
Gesicht

bola de billar (Billardkugel)
Glatze

bastes
Finger

zarpa (Klaue, Pfote)
Hand

pasamen
Beine

cachas
Beine

pinreles
Füße

Allgemeine Ausdrücke, alphabetisch:

acojonar
einschüchtern lassen

ahora mismo
jetzt gleich

¡ajo y agua! (von *a joderse y aguantarse*)
Augen zu und durch!

andoba
Typ, Kerl

bata
Mutter
canguelo
Bammel
carburar (verkohlen)
klappen, funktionieren
chabolilla (Hütte)
Wohnung
cheira
Messer
¡Chorrada!
Quatsch!
chota (junges Tier)
Vertrauter, Freund
choteo
Scherz, Spaß
chuminada
Blödheit
chungón
Spaßvogel
chunguero
Witzbold
los dos patitos (die zwei Entlein)
die Zahl 22
enrollar
einwickeln, verwickelt sein
estar en el culo del mundo
am Arsch der Welt sein
hacer la pelotilla (Bällchen machen)
schmeicheln

junar
sehen, Lage peilen

loro (Papagei)
Radio

machada
Heldentat

mismamente
zum Beispiel

a mogollón
verdammt viel

mono (Affe)
kleines Kind

la niña bonita (das hübsche Mädchen)
die Zahl 15 (ist beim Bingo oft zu hören, z.B.: *13, 18, la niña bonita*)

parida (Wöchnerin)
Dummheit

pelmez
Schwerfälligkeit

porillo
Lärm, Krach

Me provoca ... (... reizt mich)
Ich hab' Bock auf ...

recañí
Fenster

rollo (Rolle)
Geschichte, Verwicklung

sobado
ausgerutscht

sobar
pennen, poofen

tacos (Stöcke)
Jahre

tesoro (Schatz)
Himmel

¿Tienes hora? (Hast Du die Stunde?)
Wie spät ist es?

toa la pesca (der ganze Fischfang)
alles

todo quisqui
alles zusammen

un purili
ein zerstreuter Mensch

¡Voy fijo fijo!
Ich komme 100%ig!

¡Es la hostia!

super, spitze, affengeil

Eine Liste mit Begriffen, die etwas Positives ausdrücken:

güai, güay
prima, klasse
supergüay
supergut
de aúpa
prima
chulo
cool

a base de bien
verdammt gut

¡Acojonante!
Irre!

de bigote (Schnurrbart)
toll, großartig

¡Es cachondo!
Das ist geil, spaßig, witzig.

Es muy macho.
Das ist 'n dufter Typ.

de campeonato
phänomenal

Vacilamos cantidad.
Wir haben es uns gutgehen lassen.

chanchi
saugut

chupe
affengeil

pasarlo chanchi
sich toll amüsieren

pipa
Sonnenblumenkern

divino (göttlich)
wunderbar, großartig

virguero
sehr schön

tan ricamente (so ausgezeichnet)
verdammt angenehm

macanudo
prima

¡Está de coña! (Das hat Möse!)
Das hat Stil!

mandacojones
super

chachi
astrein

demonio
beeindruckend

bárbaramente
enorm

bestial
stark, tierisch

cojonudamente
verdammt gut

fenomenal (wunderbar)
fantastisch

morrocotudo
beeindruckend

ñorda (Scheiße)
saugut

pistonudo
ausgezeichnet

descojonante
riesig, kolossal

despampanante
fabelhaft, phantastisch

de buten
dufte, erstklassig
dabuti
erste Sahne, super
¡Me enrolla cantidá!
Es gefällt mir total!
¡Es la hostia! (Das ist die Hostie!)
Das ist scharf!
cojonudo
toll
de puta madre (von der Hurenmutter)
geil, erste Sahne
de pistón (vom Kolben)
glänzend
de cojones (vom Hoden)
glänzend
de chipén (vom Leben)
toll, großartig
mollar (mager)
klasse
de pánico (von der Panik)
enorm
pecholada
tolle, hübsche Sache
super-macamudo
super-geil

Cutre, chorrada, chaladura

blöde, beschissen

Im folgenden eine Liste von Begriffen, die eher etwas Negatives ausdrücken.

cagarruta
Pleite, miese Sache

chungo
mies, ungeil

movida chunga
miese Stimmung

agilipollao
dumm, albern

un tubo de película (eine Röhre von Film)
der Film ist 'ne Pleite

ful
falsch

chungalí
etwas daneben

chancho
schweinisch

tarado
idiotisch

estar chalado
'ne Meise haben

hortera
spießig

borde (Rand)
unecht

alobado
dumm, albern

berzas (Kohl)
stumpfsinnig

besugo
stumpfsinnig

chorra
beschränkt

cenútrio
schwerfällig

grillado
verrückt

capullada
Quatsch

carajada
unwichtige Sache

chaladura
Verrücktheit

chorrada
Unsinn, Blödsinn

grosero (grob)
ballerig
¡Una eme!
(**eme** = der Buchstabe **M**, steht für **mierda** = Scheiße)
Eine Scheiße!
petardo
schlechter als angenommen
fulastre
stümperhaft
Me cae gordo. (dickfallen)
Das stinkt mir.
guillado
halb verrückt
litri
kitschig
percebe
Dummkopf
soso (schal)
langweilig
tronado (elend)
verrückt
tontolpijo
totaler Idiot
cutre
spießig

¡Coño, leche, jolines!

Kraftausdrücke

Hier gibt es ein paar Begriffe, die (in unterschiedlichste Formen abgewandelt) immer wieder auftauchen. Es sind Begriffe, die ihre eigentliche zotige Bedeutung verloren haben und die jeder Spanier ständig gebraucht, als Ausruf in allen nur denkbaren Situationen! Der schlagende Beweis für die allgemeine Akzeptanz eines Wortes wie z.B. **coño** (= Fotze) lieferte die angesehenste Zeitung Spaniens **EL PAÍS**. Anläßlich der Verleihung des Literaturnobelpreises 1989 an C. J. Cela druckte sie eine Anzeige mit der Überschrift "**¡Por fin, coño!**" (frei übersetzt: *"Na endlich, verdammt noch mal!")*.

¡coño!, ¡coñe! (Fotze)
wird ständig als überraschter, verärgerter, freudiger, bewundernder Begriff gebraucht. Bedeutung ungefähr(!): Verdammt, Mist, Scheiße, verflucht, Donnerwetter, nicht möglich, Klasse etc.

en el quinto coño/pino (an der fünften Fotze/Pinie)
am Arsch der Welt

¡leche!, ¡leñe! (Milch)
wird ähnlich gebraucht wie coño

¡Qué mala leche!
Was für ein schlechter Charakter! Was für ein mieser Typ!

¡Qué mala uva! (uva = Traube)
gleiche Bedeutung

¡joder! (ficken)
der vielleicht am häufigsten gebrauchte Ausruf existiert auch in "weicheren" Versionen:

¡jo-er!
¡jolín!
¡jolines!
¡jo!
¡jope!
¡joroba!

¡hostia! (Hostie)
wird ähnlich oft wie **coño** oder **joder** benutzt, meist als überraschter, verärgerter oder bewundernder Ausdruck.

Abwandlungen von **hostia** im Sinne von "Donnerwetter":
¡hosti!
¡hostias!
¡la hostia!
¡ostras!
¡nardiez!

Ein anderer Ausruf wird ebenfalls ständig gebraucht:

¡Me cago en la madre que te parió!
Ich scheiß auf die Mutter, die dich geboren hat!

davon einige Abwandlungen:

¡Me cago en la mar
(**mar** für *madre*)!
¡Me cago en la puta madre!
(**puta madre** = hurende Mutter)
¡Mecagüen
(en la leche de tu madre)!
¡Mecachis!
¡Me cago en la leche
(de tu madre)!
¡La leche!
¡Me cago en Dios!
¡Me cago en diez!
(**diez** für *Dios*)
¡Mecachis en diez!
¡O diez!
¡Ele!
Ausruf, mit dem etwas bekräftigt wird

sonst noch:

¡Lechugas! (Gemüse)
Mist, Scheiße!
¡Que mierda!
Was für eine Scheiße!
¡Ñorda!
Scheiße!
¡Que coñazo!
Was für'n Scheiß!
¡Que moñazo!
Was für 'n Mist!
¡Caray!
Zum Teufel!
¡Caracoles! (Schnecken)
Verdammt!
¡Corcho! (Korken)
Verdammt!

Gilipollas

Schimpfworte und Beleidigungen

Hier kann wirklich nur eine Auswahl geboten werden. Es sind Begriffe, die ihr relativ häufig hören könnt, obwohl gerade in diesem Bereich die "Moden" schnell wechseln. Die Übersetzung kann nur eine ungefähre Annäherung an das Sprachniveau geben.

für Männer:

asqueroso (widerlich)
Widerling

basca (Übelkeit)
Pack

baturro
Tölpel

bocazas
Plappermaul

boceras
Großmaul

bragazas
Pantoffelheld

cabrón (Ziegenbock)
Saukerl

cabroncete
Scheißkerl

cabronzuelo
Arschloch

capullo
Neuling, Rotarsch

carapijo
Tölpel

chorizo (Paprikawurst)
Gauner

chorra
Dummkopf
chulapo
Flegel
chulo
Flegel, Angeber
cipote
Dussel
cocazas
Großmaul
cuchara (Löffel)
Priester
debilucho
Weichei
embustero (lügnerisch)
Angeber
gaché
Kerl
gamberro
Flegel
giliflautas
Idiot
gilipichas
Blödmann
gilipollas
Idiot, Blödmann, Arschloch
gilitonto
Arschloch
golferas
Strolch

haragán
fauler Sack
hideputa
Hurensohn
hijo de la gran Bretaña (Engländer)
Hurensohn
hijo de mala (Sohn des Übels)
Hurensohn
hijo de puta
Hurensohn
hortera
Möchte-gern-*pijo*

lameculos
Arschlecker
majadero (dumm)
Einfaltspinsel
mamón
Knilch
mamerto
Blödmann
mangui
Strolch, Gauner
merchero (Kaufmann)
Penner
merdellón
Dreckskerl
mochales
bekloppt sein
narizetas
Nasenbär
pajolero
Störenfried
panoli
Einfaltspinsel
pardillo
Hänfling
pasotas
Freaks
pendejo
Schlappschwanz
petardo
miese Type
pijo
Söhnchen reicher Eltern
pillastre
Schurke
pindongo
Herumtreiber
puerco (Schwein)
Schweinehund
puñetero
Dreckskerl
quinquis
Döskopp
repajolero
verdammter Kerl
tacaño (knauserig)
Geizhals

für Frauen:

furcia
Schlampe
pechungona (von: **pecho** = Busen)
dralles Weib
pendón
Flittchen
vieja carroña
altes Aas
vieja carroza (alte Karre)
alte Schachtel

für Homosexuelle:

bollera **chica entendida** **machorra*** (unfruchtbares Weib) **tortillera**	Lesbe
redondo (abgerundet)	Bisexueller
del otro barrio (aus dem anderen Viertel) **moña** (Haarschleife) **bardaje** **bujarrón*** (Arschficker, Päderast) **canco** (Blumentopf) **chapero** **culero*** (Arschficker) **jibia** (ein bestimmter Tintenfisch) **maricón/maricona** (warmer Bruder) **sarasa** (warmer Bruder)	Schwuler

für Ausländer, Minderheiten:

Die hier genannten Begriffe sollen (wie auch die Vorgenannten) nur zum Verstehen aufgelistet sein. Benutzt sie möglichst überhaupt nicht, auch wenn viele Wörter in Spanien fast schon zum alltäglichen Sprachgebrauch gehören. Es sind und bleiben Schimpfwörter.

anglicón
Engländer

baturro (dickköpfig)
jemand aus Aragón

boquerón (Sardelle)
jemand aus Málaga

moro (Maure)
Araber

payo (Bauerntölpel)
Nicht-Gitano

polaco (Pole)
Katalane

cabeza cuadrada (Quadratschädel)
Deutscher
calorro (Farbige)
Gitanos
italianini
Italiener
los del foro (die vom Forum)
Madrider
bolo (Kegel)
jemand aus Toledo
cazurro (trübsinnig, verschlossen)
jemand aus León
caballas (Makrelen)
jemand aus Ceuta

guiri
jeder Ausländer/Tourist
catalino
Katalane
sudaca*
Südamerikaner
madriles/chulapo
Madrider
pucelano (Kratersand)
jemand aus Valladolid
maño
jemand aus Aragón
gabacho
Franzose

charnego (nur in Katalonien gebraucht)
Nicht-Katalanen, die zugewandert sind
godo (Gote) (nur auf den Kanarischen Inseln gebraucht)
Spanier vom Festland
maqueto (nur im Baskenland gebraucht)
Spanier, die zugewandert sind
de la villa (vom Dorf) (wird in Andalusien gebraucht)
Madrider

Für Spanier, die aus Andalusien nach Madrid zugewandert sind, gibt es einige herablassende Begriffe, die sich auf deren Heimat (= **la tierra)** beziehen:

aus Almería:
la tierra de la legaña (Augendreck)
la tierra del esparto (Gras)
la tierra del pijo (Gernegroß)

aus Granada:
la tierra de la mala follá (schlechtes Ficken)
la tierra del charico (Pfütze)

aus Málaga:
la tierra del boquerón (Sardelle)

aus Córdoba:
la tierra del cipote (Trommelschlegel)

aus Jaén:
la tierra del ronquío (Schnarchen)

aus Andalusien:
la tierra de María Santísima (heiligste Maria)

No me vas

Zwischengeschlechtliches

Ein unendliches Thema! Gerade im Spanien der Nach-Franco-Ära hat sich auf diesem Gebiet einiges getan, zumindest die jüngeren Leute gehen viel liberaler miteinander um, als es noch ihre Eltern taten. Liebe und Sex waren in der Franco-Zeit (und natürlich auch schon vorher) Tabuthemen, die Ehe war heilig. In den Großstädten sieht es heutzutage schon anders aus, in der Provinz nicht unbedingt, und dort leben immer noch die meisten Spanier.

Verbotenes ist immer schon reizvoll gewesen, und in Spanien ist das nicht anders. Die Folge: eine Flut von Umschreibungen und Slang-Ausdrücken, die "das" Thema berühren. Hier eine Auswahl.

Seid ein wenig vorsichtig im Umgang mit den Begriffen. Einige Wörter sind recht zotig und können nicht in jeder Situation gebraucht werden, und schon gar nicht gegenüber dem anderen Geschlecht.

Die deutsche Übersetzung soll das ungefähre Sprachniveau wiedergeben.

sie zu ihm

cariño
Liebling
No me vas.
Du gefällst mir nicht.
Eres un coñazo.
Du bist ein Langweiler.

¡Qué pesado eres!
Wie langweilig du bist!
Eres marchoso.
Du bist witzig.
Eres muy macho.
Du bist 'n dufter Typ.
pajolero
aufdringliche Type
ninchi
aufdringliche Type
pestiño
Langweiler
enterao
Schlaukopf
águila (Adler)
cleveres Bürschlein
chivo
Angeber
tronco (Klotz)
Kumpel
soplagaitas
jemand, der sich für wichtig hält
guapo
Schöner

sie zu ihr über ihn

pibe
Typ
tontaina
Depp
pollopera
verweichlichtes Söhnchen
pichabrava
kleinmütiger Mensch
pinchauva
ein Niemand
pupi/capullo
Jüngling
voceras
Eingebildeter
pureta
Alter
gachó
Macker, Kerl
amigazo
guter Kumpel
chorbo
Freund, Lover
macarra
skrupelloser Typ
golfo
jemand, der viele Frauen hat
buitre (Geier)
einer, der keine ausläßt

tener lios con mujeres
in Weibergeschichten verwickelt sein
tiene mucha cara (viele Gesichter haben)
der ist unverschämt
tarado
Idiot

er zu ihr

cariño
Liebling
cachas molanas
hübsche Beine
cachas güays
geile Beine
parienta
Ehefrau
jay
Mädchen
chocho (Spielzeugpuppe)
Puppe
titi
Äffchen
enana
Zwerg
guapa
Schönheit
¡Asuquiqui!
Ausruf von Männern, wenn eine hübsche Frau vorbeigeht

carroza (Karosse)
"alte" Frau über 30

La tía me cae bien.
Die Tante gefällt mir.

cantúa
etwas füllig, aber geil

pindonga
Herumtreiberin

calio (Hühnerauge)
häßliche Frau

chochín* (Möse)
Tussy

rubia de frasco
blond gefärbte Frau

rubia de botella
(Blonde aus der Flasche)
Wasserstoffblondine

chorba
Mädchen, Mieze

tía (Tante)
Alte

buscona (Sucherin, Dirne)
Frau, die viele Lover hat

chislama
Mädchen, Girl

folladora*
geile Alte

foca (Seehund)
häßliches Weib

apaña (Flicken)
Geliebte

arrimo (Stütze)
Geliebte

cardo (Distel)
keine Schönheit

gachí
attraktive Frau

jaca
Stute

maciza (Massiv)
gut gebaute Frau

putilla
eine, die leicht zu haben ist

Está loca por la música.
(Die ist verrückt nach der Musik.)
Die ist leicht rumzukriegen.

tigresa
heiße Frau, steiler Zahn

tragona (Gefräßige)
eine, die leicht zu haben ist

loba (Wölfin)
eine, die keinen ausläßt

campeona de natación
(Meisterin im Schwimmen)
Frau ohne Po und Brust

calientapollas
eine Frau, die heftig aber erfolglos flirtet

ligona
eine, die sich leicht anmachen läßt

es de Castellón de la Plana (sie ist aus Castellón de la Plana, einem Ort in der Nähe von Valencia; *plano* = Ebene)
Frau mit wenig Busen

chochete*
Tussi, Alte
(Vorsicht beim Gebrauch, steht auch für "Fotze")

chipichusca
pelandusca
piculina
putiplista
chirlata
ramera
Prostituierte

er/sie über es

hacer la rosca
jemandem schmeicheln

morder (beißen)
küssen

ligar (verbinden)
anmachen

ligue (Verbindung)
Anmache

cortadillo (kleines Trinkglas)
Anmache

encoñarse
sich verlieben

calado
sehr verliebt

magrear
fummeln

calentarse (sich erhitzen)
sich aufgeilen

en coritatis
nackt

fornicar
rumhuren

arrejuntarse
unverheiratet zusammenleben

ponerse a tiros (zum Schuß bereitmachen)
eine Frau anmachen

dar el braguetazo
sich mit einer reichen Frau verheiraten

despartarse
sich trennen

pasar a una por la piedra
(eine Frau über den Stein bringen)
eine Frau rumkriegen

funda (Futteral)
Kondom

globo (Kugel)
Kondom

goma (Gummi)
Kondom

chubasquero
Kondom

Die Geschlechtsteile

Ja, und dann geht es eigentlich schon in die nonverbale Kommunikation. Trotzdem will ich auch zu fortgeschrittener Stunde niemanden sprachlos lassen. Die wörtliche Übersetzung gibt ansatzweise Aufschluß über den Sprachlevel:

Penis, Pimmel, Schwanz

butifarra (Ziehharmonika)
chisme (Ding)
chorizo (Paprikawurst)
chorra* (Wasserstrahl)
cimbel (Lockvogel)
cipote (Stange)
cola (Schwanz)
escopeta (Flinte)
látigo (Peitsche)
morcilla (Wurst)
nabo (Rübe)
palo (Stock)
pepino (Gurke)
pica (Dorn)
picha (Stange)
pincho (Stachel)
pito (Pfeife)
pluma (Feder)
polla (junge Henne)
verga (Rute)

Hoden, Eier, Sack

bolas (Kugeln)
canicas (Murmeln)
cojines (Hoden)
cojones (Hoden)
cojonazos (Hoden)
criadillas (Hoden)
colgantes (die Hängenden)
güitos (Zylinder)
huevos (Eier)
pelotas (Bälle)
peras (Birnen)
timbales (Trommeln)

Busen, Brüste, Titten

delantera (Vorderteil)
escaparate (Schaufenster)
pitones (Höcker)
pulmones (Lungen)
espetera (Küchenbrett)
limones (Zitronen)
mostrador (Schaukasten)
tetas (Zitzen)
pechos (Brüste)
globos (Kugeln)

Vagina, Möse

agujero (Loch)
alcanía (Sparbüchse)
almeja (Muschel)
castaña (Kastanie)
concha* (Muschel)
conejo (Kaninchen)
guardapolvo (Staubmantel)
mochuelo (Kauz)
pimiento (Paprika)
quisqilla (Spitzfindigkeit)
chichi
chisme
chochada*
chocho*
chuminada
coño
coñe

Ausdrücke zum Geschlechtsverkehr

Alles, was folgt, heißt im Prinzip 'bumsen', aber, wie immer, macht auch hier der Ton die Musik:

acostarse con (mit jemandem schlafen)
arrimarsela (sie stemmen)
birlársela (ihr einen Schuß geben)

calzarse a una mujer (eine Frau beschlafen)
cepillar (bürsten)
chinchar (bumsen)
echar un caliche (Kalk auswerfen)
echar un polvo (Pulver auswerfen)
encamarse (ins Bett legen)
enrollarse (sich mit jemandem einlassen)
follar (vögeln)
hacer el amor (Liebe machen)
joder (ficken)
mojar el churro* (Spritzgebäck naß machen)
mojar la almeja* (die Muschel naßmachen)
pasar a una por la piedra (sie über den Leisten ziehen)
picarla (sie stechen, picken)
ponerle una inyección (ihr eine Injektion verpassen)
tirarsela (sie hinlegen)
trajinar (hin und her bewegen)

cinco contra uno (fünf gegen einen) **frotársela** (sich reiben) **hacer puñetas** (wichsen) **hacerse una paja** (sich einen Strohhalm machen) **machacársela** (es sich zerquetschen) **tocar la campana** (die Glocke läuten) **hacerse un dedo** (für Frauen - einen Finger machen)	masturbieren
comer el coño* (die Fotze essen) **hacer la bufanda** (den Schal machen) **pilonada*** (lecken)	Cunnilingus
bajarse (sich runterbeugen) **bajar a la pila** (zur Batterie runtergehen) **hacer el francés** (den Franzosen machen) **hacer una mamada*** (lutschen) **lavado de cabeza*** (Kopf waschen) **chupar la polla** (Schwanz lutschen)	Fellatio
hacer una cubana (eine Cubanerin machen)	Brüste lutschen

Register

C

CH

U / V

Y / Z

Literatur

Auf dem deutschen Markt gibt es meines Wissens nur eine Arbeit, die sich mit dem Thema spanische Umgangssprache beschäftigt:

Werner Beinhauer: **"1000 spanische Redensarten",** Langenscheidt 1980, Preis: 24,90 DM. Eine Auflistung von idiomatischen Redensarten, die durch humorvolle Illustrationen ergänzt sind.

In Spanien lassen sich darüberhinaus verschiedene Werke finden. Nach dem Ende der Franco-Ära und dem Aufkommen der *movida* beschäftigten sich einige Autoren mit den neuen sprachlichen Phänomenen:

Francisco Umbral **"Diccionario Cheli",** Verlag Grijalbo, Barcelona 1983. Erklärt eine begrenzte Anzahl von Begriffen, vorzugsweise aus dem Drogenmilieu.

Für vertiefende Studien zum Thema Cheli: **Diccionario de Ramoncín "El tocho cheli"**, Ediciones Temas de hoy, Madrid.
Tocho ist schon ein Cheli-Begriff und bedeutet "Buch, Ausgabe".

Jaime Martín **"Diccionario de expresiones malsonantes del español"**, Ediciones ISTMO, Madrid 1979. Beschreibt 1200 Begriffe zuerst in alphabetischer Reihenfolge, dann noch einmal nach Themen gruppiert.

Víctor León: **Diccionario de argot español y lenguaje popular.** Alianza-Verlag.

Juan Manuel Oliver: **Diccionario de Argot.** Sena-Verlag. Einsprachige Wörterbücher im Taschenbuchformat zur spanischen Umgangssprache. Witzig, informativ und unerläßlich für den, der vor allem die Jugendlichen verstehen will.

Spanien

aktuelle Informationen für die beliebtesten Urlaubsregionen Spaniens:
REISE KNOW-HOW!

Petzra Neukirchen, Wolfgang Bauer

Andalusien

Das komplette Handbuch
696 Seiten, 65 Karten und Pläne, durchgehend illustriert, ISBN 3-89416-679-7

Andreas Drouve

Nordspanien & Jakobsweg

Das komplette Handbuch
480 Seiten, 60 Karten und Pläne, durchgehend illustriert, ISBN 3-89416-678-9

Hans-Jürgen Fründt

Costa Brava

mit Barcelona
405 Seiten, Karten von allen Stränden, durchgehend illustriert, ISBN 3-89416-646-0

Dieter Schulze

Gran Canaria

384 Seiten, viele Karten und Pläne, durchgehend illustriert, ISBN 3-89416-665-7

Hans-Jürgen Fründt

City-Guide Madrid

und Umgebung
384 Seiten, detaillierte Stadtpläne, durchgehend illustriert, ISBN 3-89416-201-5

Hans-R. Grundmann

Mallorca

488 Seiten, Karten von allen Stränden, durchgehend illustriert, ISBN 3-89662-156-4

NEU

ReiseWortSchatz

– das Wörterbuch zum Kauderwelsch

Bereits erscheinen:
Afrikaans, Englisch, Französisch, Italienisch, Spanisch und **Vietnamesisch.**

Weitere Bände folgen.

Hier finden Sie auf ca. 250 Seiten die **6.000 Wörter und Ausdrücke,** die Sie wirklich brauchen, um jede Situation sprachlich zu meistern – egal ob und wie viele Vorkenntnisse Sie haben.

- Neben Grund- und Aufbauwortschatz bieten die Bände ein spezielles, für jedes Land **individuell zusammengestelltes Reise- und Landeskunde-Vokabular.**
- Die **einfach zu lesende Lautschrift,** identisch mit der im Kauderwelsch-Band, macht es überflüssig, die Aussprache extra zu büffeln.
- Hinter jedem Verb finden Sie die kompletten **Gegenwartsformen** sowie das **Partizip Perfekt.**
- Auch **konjugierte Formen** der wichtigsten Verben sind alphabetisch eingeordnet.

Reise Know-How Verlag Peter Rump GmbH, Bielefeld

Der Autor

Hans-Jürgen Fründt, Jahrgang 1957, studierte Spanisch in Madrid an der Universidad Complutense und in Hamburg. In Spanien verbrachte er bislang zwei Jahre. Recht schnell bemerkte er den Unterschied zwischen der Alltagssprache, die auf der Straße und in den Bars gesprochen wird, und der Unisprache. Somit verlagerte er schon frühzeitig seine Studien auf die Straße, um die wirklich gesprochene Sprache zu erlernen. Er hat außerdem in Zusammenarbeit mit Susanne Muxfeldt bislang 16 Reisebücher über Spanien, Mittelamerika, die Karibik und Schleswig-Holstein geschrieben. Aus diesem Grund hält er sich heute so oft in spanischsprachigen Ländern auf, wie es nur geht.